어느 날, 이탈리아 소도시

어느 날, 이탈리아 소도시

글·사진 **신연우**

harmonybook

혼자라서,
때로는 함께여서 좋은
이탈리아 여행

CONTENTS

이탈리아에 풍덩

계획과 무계획의 중간 어디선가 헤매는 일상을
사는 나는 여행의 방식도 다르지 않다. 세부적인
계획을 세우기보다 대략적인 틀 안에서 움직이
다보니 여행지에 대한 정보도 없이 발길 가는데
로 다닌다. 모르는 도시는 모르는 대로, 아는 도
시는 아는 만큼만 욕심부리지 않고 담고 싶은 만
큼만 사진에 담아 집으로 돌아 온다.
아쉬움은 여행 사진을 정리를 하면서 채운다. 몰
랐던 정보도, 못 가본 장소도 사진 속을 더듬어
가며 찾는다. 오늘도 나는 기억의 파편을 모으기
위해 노력 중이다. 나를 도와주던 사람들, 보고
싶은 친구들, 믿기지 않았던 풍경으로 채워진 이
탈리아 여행에서 아직도 허우적거린다.

코모

밀라노

베네치아
무라노
부라노

베로나

토리노

제노바

라팔로
포르토피노
카모글리

모데나

피렌체

친퀘테레

피사
산 지미냐노

아레초

라팔로

시에나

아시시

로마

나폴리

카사노 델레 무르지

풀리냐노 아 마레
모노폴리

라벨로
아말피
포지타노
아게롤라

마테라

알베로벨로

트로페아

실라

Rapale

토스카나의 농가 민박 체험

라팔레

라팔레는 이탈리아 토스카나에 위치
해 있다. 피렌체, 아레초, 시에나 사이
에 있는 라팔레는 키안티 지역 언덕,
발담브라, 프라토마뇨 산의 아름다운
전경을 감상할 수 있는 언덕(484m)
꼭대기에 있는 작은 마을이다.

칼리치 디 스텔레 (Calici di Stelle)는
라팔로의 성과 광장 등에서 개최되며
다양한 문화 공연과 함께 지역 최고의
와인을 맛 볼 수 있는 축제로 석쇠에
서 화형당하며 순교한 로렌조의 축일
인 8월 10일에 개최된다.

교통 – 렌트카 이용
로마에서 약 2시간 40분 소요
피렌체에서 약 1시간 30분 소요

아그리투리스모

이탈리아를 제대로 느끼고 싶다면 농가민박(Agriturismo)을 이용하는 것을 추천한다. 아그리투리스모는 농업을 의미하는 아그리콜투라(Agricoltura)와 관광을 뜻하는 투리스모(Turismo)의 합성어로 이탈리아의 농장이나 농가에서 투숙하는 것으로 포도 농가, 올리브 농장, 양 목장, 치즈 농장 등을 가족끼리 운영하는 곳들도 있어 와이너리 투어, 올리브 열매 수확, 쿠킹클래스 등 다양한 체험 및 액티비티가 가능한 곳들이 있다. 이탈리아의 홈메이드 식사를 하고 싶다면 식사 예약이 가능한 곳을 이용하는 것도 이탈리아 여행을 더욱 매력적으로 느끼게 해 준다.

차를 타고 한참을 들어간 언덕 위 마을의 농가 민박에서
하룻밤을 보냈다면 아침 산책은 필수.
분주하고 가득찬 대도시와는 다른 이탈리아의
모습을 마주할 수 있다.

농가 민박

* 호텔과는 달리 소박하지만 깔끔한 분위기이다.

* 주로 외진 곳에 위치하고 있기 때문에 렌트카 이용은 필수이다.

* 예약은 일반 호텔 예약 사이트에서 방문 지역의 팜스테이를 필터로 설정하면 검색할 수 있다. (한글 정보 제공)

* agriturismo.it 농가민박 전문 이탈리아 사이트를 통해 예약할 수도 있다 (한글 이용 불가)

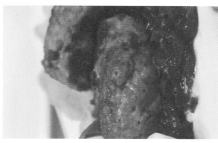

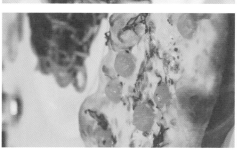

아그리투리스모의 호스트가 추천해 준 원지의 맛집.

이곳에서는 다양한 이탈리아 음식을 맛볼 수 있지만 특히 토스카나 대표 파스타인 피치를 먹어보는 것을 추천한다.

우동면이나 칼국수면을 떠올리게 하는 피치는 이탈리아의 다른 파스타와는 달리 쫄깃하고 부드러워 우리 입맛에 잘 맞는다.

Il Bivacco 2 di Luca Mori

Localita' Colonna Del Grillo, 5, 53019

Castelnuovo Berardenga SI, 이탈리아

수요일 정기휴무

1인당 20~30유로

21

Assisi

순례자의 발길이 머무는

아시시

움브리아 페루자에 위치하고 있으며
수바시오 산 기슭에 자리잡고 있으며
테베레 강의 지류인 토피노 강과 키
아시오 강이 형성하는 평야를 내려다
보고 있다.

이곳은 성프란치스코와 성 클라라의
탄생지이며, 평화와 형제애에 대한 성
프란치스코 메시지의 보편적 중심지
로 전 세계적으로 유명하다.

교통 – 기차 이용(아시시역)
아시시역은 도시 중심부에서 남서쪽으
로 약 5km 거리에 있다.
로마에서 기차로 약 2시간 20분
피렌체에서 기차로 2시간 30분

누군가의 위로가
필요할 때…

누구나 위로가 필요한 순간이 있다. 삶의 어느
지점일 수도 있고, 여행 중에도 찾아온다. 그
럴 땐 아시시의 좁은 골목길을 따라 걸어보자.
소박하고 편안한 길을 따라 걷다 보면 어느 사
이에 마음의 안정을 느낄 수 있는 곳이다. 가
난한 자의 성인이라고 불리는 성프란치스코
의 발자취를 느끼며 걷다 보면 천주교 신자가
아니어도 드넓은 초원이 펼쳐진 골목길 끝에
서 충만해진 자신을 발견할 것이다.

수바시오산(Mt. Subasio)의 전형적인 분홍색 돌로 지어진 아시시는 성인들의 역사와 신앙으로 인해 전 세계에서 독특하게 만들어진 심오한 영성의 분위기로 순례객과 관광객의 발길이 끊이지 않는 곳으로 1986년 이래 세계 종교 지도자 서미트가 비정기적으로 열리는 도시이다.

성프란치스코 성당

Toscana

Toscana

Arezzo

역사의 보물 상자

아레초

토스카나 남서쪽에 위치한 아레초 (Arezzo)는 피렌체에서 80km 떨어진 발티베리나(Valtiberina), 카센티노 (Casentino), 발다르노(Valdarno), 발디키아나(Valdichiana)의 4개 계곡이 있는 언덕 위에 자리잡고 있다.

이 도시는 깊은 역사적 기원을 갖고 있으며, 비록 잘 알려지지 않은 사실 이지만 이집트의 알렉산드리아보다 훨씬 더 오래되었으며, 로마의 전략적 중심지이자 번성하는 경제 활동과 문 화 기념물의 중심지였다.

교통 – 기차 이용 (아레초역)
피렌체에서 기차로 약 1시간 소요
로마에서 약 2시간 40분

아름다운 일상의 아페초

다양한 문화 유산과 화려함으로 관광객을 유혹하는 다른 이탈리아의 도시들과 달리 오랜 역사를 지니고 있음에도 불구하고 특유의 소박함과 편안함이 아페초를 사랑하게 만든다. 길을 따라 뻗어 있는 시장을 둘러보고, 거리를 산책하고, 성당의 뒤편 공원에서 휴식을 즐기다보면 천천히 조금씩 아페초의 매력에 빠져들게 된다.

Caffe Dei Costanti

성프란치스코 성당 맞은편에 위치한 카페로 영화 「인생은
아름다워」에 등장하는 장소이다. 야외 테이블에 앉아 커피
나 칵테일을 즐기며 아레초의 분위기를 느낄 수 있다.
아쉽게도 현재는 임시 휴업 중이다.

성 베드로와 도나토 대성당

매월 첫번째 주말 골동품 시장

역사의 보물 상자라는 별명을 가진 아레초를 더욱 매력적으로 느끼게
하는 건 과거의 기억을 지닌 물건을 현재에 만날 수 있는 골동품 시장
이 있어서 아닐까. 아레초의 골동품 시장은 세계에서 가장 큰 골동품 시
장으로 알려져 있다. 이탈리아 여행 중 시간이 맞는다면 첫번째 주말에
방문해보자.다른 사람 눈에는 보이지 않는 보물을 발견할 수도 있으니.

사라센 마상 대회 Giostra del Saracino

해마다 열리는 중세 축제로 아레초 지역을 대표하는 말을 탄 기사들이 사
라센 왕의 모습을 한 목표물을 마창으로 맞추는 시합이 열린다. 이때는 도
시의 모든 사람들이 중세 복장 옷을 입고 시합의 참가자들을 응원한다.
6월 두번째 토요일 / 9월 첫번째 일요일

파르코 죠키 Parco giochi

우리 말로 운동장을 의미하는 파르코 죠키는 아레초 대
성당과 요새 뒷편에 위치하고 있는 공원이다. 아레초 주
변의 멋진 풍경을 감상할 수 있는 전망대이기도 한 이곳
은 울창한 나무들이 그늘을 만들어 그 아래에서 편안한
휴식을 취하기에 충분하다. 공원 안에는 작은 놀이 공간
들이 있어서 아이들과 나들이 나온 가족들을 볼 수 있
다. 아레초의 골목을 걸으며 지친 다리를 쉬어가기엔 최
고의 장소이다.

Winery Tour

n°9

Rosso 2014
Atto A Divenire
Nobile
S. Strada
+
Piccini "V14"   Asc

Palazzo Vecchio / Vino Nobile di Montepulciano

Via di Terra Rossa, 5, 53045 Valiano SI

영업시간

월요일~금요일 오전 9시 30분~오후 6시

토요일 오전 10시~오후 5시

일요일 휴무

와인 숙성고

Good Wine not only improves the quality of life, but is good for soul

르네상스 시대 피렌체 귀족의 소유였던 이곳은 시간이 흐르면서 1882년부터 1960년대까지 농업학교가 되었다.

팔라쪼 베키오는 이후에 와인 양조 회사를 운영하는 리카르도의 소유가 되었고, 1982년과 1990년 사이에 그의 딸과 사위가 개조 공사를 하면서 새롭게 모습을 갖추었다. 2000년대부터는 그들의 자녀인 마리아와 루카가 운영하고 있는 와이너리이다.

이곳에서는 와이너리 투어 및 테이스팅을 경험할 수 있으며, 현재는 B & B로 운영이 되고 있다.

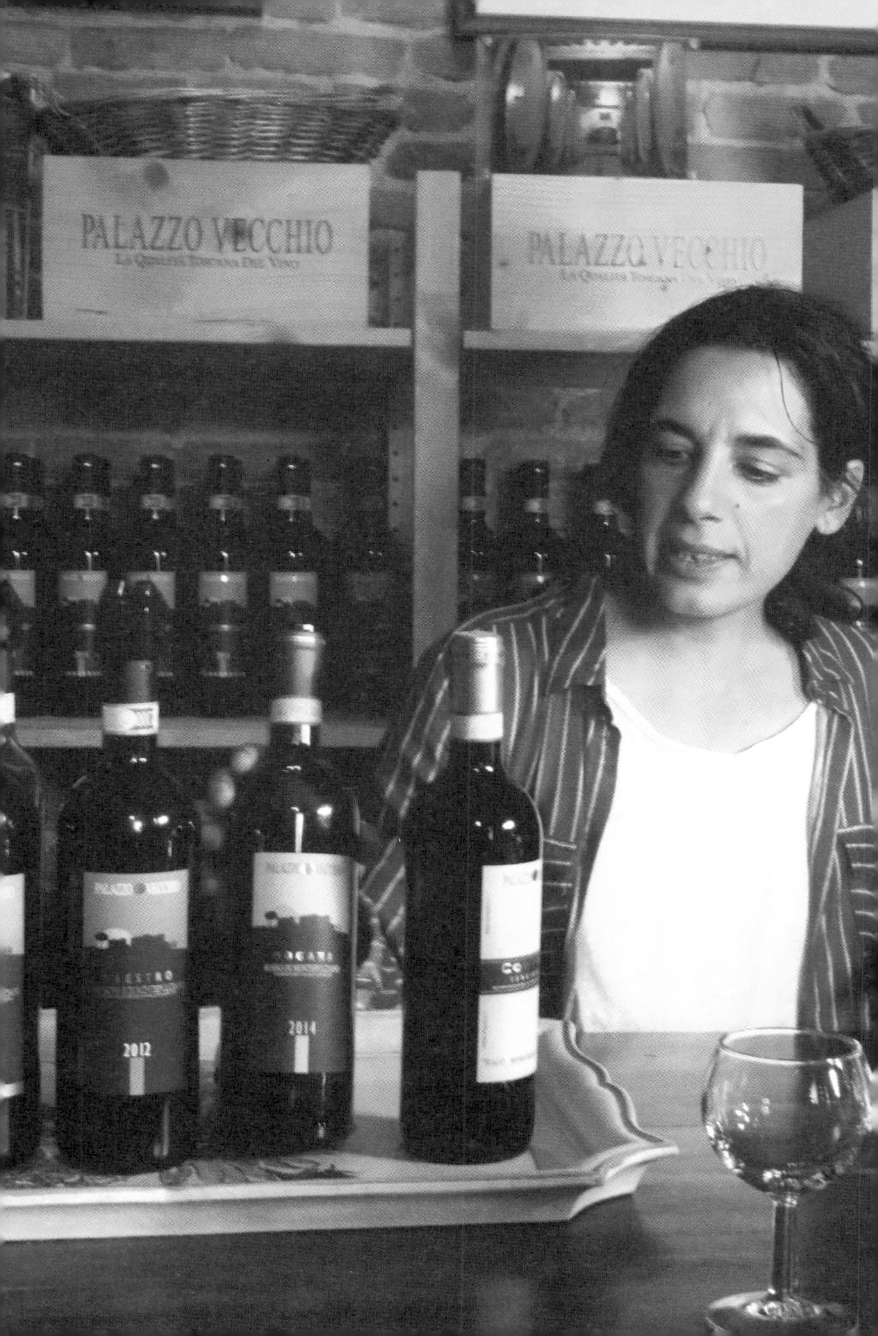
PALAZZO VECCHIO
PALAZZO VECCHIO
2012
2014

Siena

사랑스러운 중세 도시

시에나

중세 기독교가 발전하면서 1,000년 동
안 이탈리아 북부에서 로마로 향하는
순례자들은 이곳을 지나야 했다. 그와
함께 상업과 교통의 중심지로 발전하
였고 십자군 원정의 통과점이 되었다.

1500년대 이웃 도시인 피렌체와의 영
토 경쟁에서 패배하면서 금융과 상업
활동은 위축되고 도시는 농업 활동에
집중하면서 지금 현재의 모습으로 보
존되었다. 관광 명소로 잘 알려진 캄포
광장은 번성했던 중세 자치 도시였던
시에나의 모습을 잘 보여준다.

교통 – 기차 이용(시에나역)
피렌체에서 기차로 약 1시간 20분 소요
로마에서 버스로 약 3시간

색으로 기억되는 도시

그림을 그려 본 경험이 있다거나 디자인에 관심이 있다면 시에나라는 색을 사용해봤거나 들어본 경험이 있을 것이다. 테라 로사, 테라 지알라로도 불리는 시에나는 엄버, 오커라는 컬러와 함께 인류가 사용한 첫번째 안료로 전 세계의 동굴 벽화에서 찾아볼 수 있다. 시에나는 채굴했을 때는 노란 갈색, 가열하면 적갈색을 띠는 안료로 르네상스 시대에 이것을 생산하던 '시에나'에서 유래했다. 수많은 컬러 중 인류와 함께 한 색으로 덮인 도시라니 꽤나 낭만적이다

시에나 대성당

모두의 시선을 빼앗을 만큼 뛰어난
건축미를 인정 받는 시에나 대성당은
경쟁 도시였던 피렌체의 두오모를 따
라잡기 위해 12세기경부터 약 200년
동안 지어진 고딕 양식의 성당이다.
흑백 대리석의 스트라이프 무늬, 별
을 연상시키는 돔천장과 섬세한 조각
상 등 볼거리가 많은 내부도 아름답
지만 붉은 빛의 건물들과 함께 자리
잡은 웅장한 모습은 미완공 상태임에
도 유네스코 세계문화유산에 이름을
올릴만하다.

도시의 심장과 영혼 '캄포 광장'

다른 도시에서는 보기 힘든 독특한 형태를 가진 캄포 광장은 시에나의 대표 명소로 여행의 시작과 끝이 되는 장소이다. 마치 공연장처럼 부채꼴 모양을 하고 중심이 되는 곳을 향해 기울어진 모양은 편안함과 안락한 느낌을 준다.

그래서인지 캄포 광장에는 다른 도시의 광장과는 달리 바닥에 주저 앉거나 누워서 여유를 즐기는 사람들을 많이 볼 수 있다.

San Gimignano

높은 탑으로 둘러 쌓인

산 지미냐노

높은 탑들로 독특한 스카이라인을 가
진 중세도시 산 지미냐노는 전성기에
는 70개가 넘는 탑을 가지고 있었으
나 현재는 14개의 탑만 남아 있다.

13~14세기경 교황파와 황제파로 나
뉘어 전투를 벌일 때 교황파와 맞서
싸우기 위해 방어용으로 만들어졌다.
승리한 교황파는 탑을 철거할 것을 명
령했고 수많은 탑들 중 14개만 남아
있게 되었다.

교통 – 렌트카 이용
로마에서 약 3시간 소요
피렌체와 시에나에서 약 1시간 소요

Gelato

젤라테리아 돈돌리
Gelateria Dondoli

치스테르나 광장에 위치한 젤라또 맛집

돈돌리는 젤라또 월드 챔피언을 2번이나 수상한 산 지미냐노 최고의 맛집 중 하나로
1일 1젤라또가 필수인 이탈리아 여행에서는 꼭 들려야 하는 필수 코스

| 영업시간

매일 (휴무없음)

오전 9시~오후 11시 30분

어느 날, 이탈리아 소도시

치스테르나 광장은 중앙에 있는 우물에서 이름을 따 온 것으로 과거에는 중요 식수원으로 사용되었다. 또 바로 옆에는 두오모 광장이 위치하고 있는데, 이곳에는 700년 이상 나란히 서 있는 한 쌍의 탑이 있다. 탑이 건축 될 당시에는 시청의 탑보다 높은 탑을 올릴 수가 없었기 때문에 살부치 가문은 그보다 낮은 30미터 높이 두 개의 탑을 세력 과시용으로 건설했다. 과거 뉴욕의 세계무역센터 쌍둥이빌딩이 이 두 개의 탑에서 영감을 받았다는 이야기도 전해진다.

일반적으로 레드 와인으로 잘 알려진 토스카나의 다른 곳과는 달리 산 지미냐노에서는 황금색을 띠는 짙은 맛의 화이트 와인이 특산품으로 알려져있다. 이곳을 방문한다면 레드 와인이 아닌 차가운 화이트 와인을 즐겨보는 것을 추천한다.

Pisa

비범한 아름다움

피사

과거 북부 이탈리아의 대표적인 항구
도시로 베네치아, 제노바와 함께 위세
를 떨쳤다. 또한 피사대학교는 이탈리
아에서 가장 유명한 대학 중 하나로
갈릴레오 갈릴레이도 동문이다.

유네스코 세계문화유산에 등재된 도
시 피사의 대표적인 장소는 녹색 잔디
광장 위에 위치한 두오모, 세례당, 사
탑 그리고 캄포 산토이다.

교통 – 기차 이용(피사역)
피렌체에서 기차로 약 1시간 소요
로마에서 약 3시간

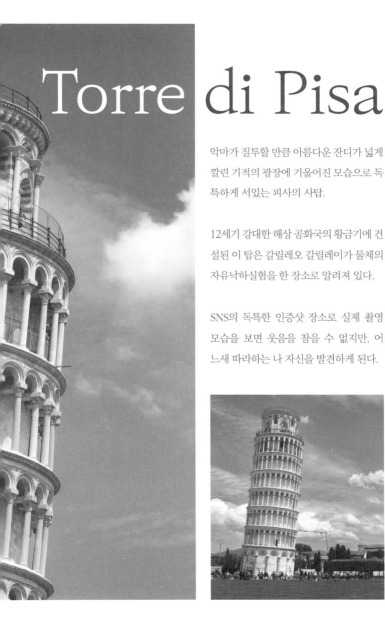

Torre di Pisa

악마가 질투할 만큼 아름다운 잔디가 넓게 깔린 기적의 광장에 기울어진 모습으로 독특하게 서있는 피사의 사탑.

12세기 강대한 해상 공화국의 황금기에 건설된 이 탑은 갈릴레오 갈릴레이가 물체의 자유낙하실험을 한 장소로 알려져 있다.

SNS의 독특한 인증샷 장소로 실제 촬영 모습을 보면 웃음을 참을 수 없지만, 어느새 따라하는 나 자신을 발견하게 된다.

대성당과 세례당

초록의 잔디 카펫 위에 올려진 하얀 대리석의 세례당과 대성당은 파란 하늘이 펼쳐진 맑은 날에는 말 그대로 한 폭의 그림이 된다. 피사 대성당은 대표적인 로마네스크 양식의 성당으로 1063년 시칠리아 팔레르모 해전에서 피사가 승리한 것을 기념하여 만들어졌다. 당시 최고의 성당이었던 베네치아의 산마르코 대성당을 능가하는 대성당을 짓기 위해 당대 최고의 건축가들이 독자적인 화려함을 특징으로 하는 토스카나 양식의 로마네스크 건축물로 완성되었다.

이탈리아 휴게소

우리나라의 휴게소와는 달리 규모가 작지만 커피와 간단한 식사를 할 수 있는 곳과 매점이 있다. 주유소는 직원이 서비스를 해 주는 곳과 셀프 주유를 할 수 있는 곳이 있으며, 함께 운영되기도 한다

Cinque Terre

절벽의 아담한 다섯 마을

친퀘 테레

이름처럼 다섯 마을로 구성된 친퀘 테레는 마을을 포함한 주변 언덕과 해변 모두 친퀘 테레 국립공원의 일부이며 유네스코 세계문화유산이다

당일치기 여행자가 많은 이곳은 아침 저녁에 더 편안하고 여유로운 여행을 즐길 수 있다. 오랜 시간을 고립되어 있던 친퀘 테레는 아직도 고유한 방언과 문화 유산이 보존되어 있는 곳이다.

교통 – 기차 이용
로마에서 기차로 1회 환승 약 5시간
피렌체에서 기차로 1회 환승 약 3시간
밀라노에서 기차로 1회 환승 약 5시간

교통 – 렌트카 이용
로마에서 약 5시간
피렌체에서 약 2시간 30분
*아찔한 절벽 드라이브 체험 가능

리오마조레, 마나롤라

서로에게 기대 의지하는 것 같은 알록달록한 집들의 리오마조레와 집들로 꾹꾹 눌러 쌓은 산처럼 보이는 마나롤라는 사랑의 작은 길(Via dell Amore)이라고 불리는 해안 절벽 작은 길로 연결되어 있었으나 현재는 안전 문제로 폐쇄된 상태이다.

몬테로소

친퀘 테레의 다섯 마을 중 가장 큰 마을인 몬테로소는 이곳의 유일한 리조트 타운이라고 할 수 있다. 길고 넓은 해변은 해수욕을 즐기기에 적합하고, 주변에 많은 호텔과 레스토랑이 있어 봄에도 바닷물에 몸을 담그고 해수욕을 즐기는 사람들과 많은 관광객들로 북적이는 곳이다

친퀘 테레의 다섯 마을을 돌아보는 방법은 기차 또는 페리를 이용하는 것이다. 물론 각각 별도의 편도 티켓을 구매해서 이용할 수도 있지만 편리성과 경제적인 면에서 데이 티켓을 이용하는 것을 추천한다. 기차를 이용하는 경우 1일권이 18.2 유로로 5개의 마을 각 역에서 구입이 가능하다. 페리의 경우 가장 많이 구입하는 코스의 데이 티켓 금액은 40 유로이다.

친퀘 테레 1일 기차 이용권

베르나차

리오마조레, 마나롤라, 베르나차, 코르닐리아와 몬테로소 다섯 마을은 절벽에 지어진 작은 마을이라는 공통점을 가지고 있지만 각각의 매력을 지니고 있다. 베르나차는 다섯마을 중 가장 먼저 성을 만들었고, 제일 큰 항구를 가지고 있으며, 마을을 내려다볼 수 있는 전망대가 있는 곳이다.

제노바와 피사가 해상 왕국으로 번영을 누리던 시절에 두 왕국의 해상무역선을 약탈하던 해적의 본거지였다던 베르나차. 지금은 그런 모습을 상상조차 할 수 없게 알록달록한 파라솔로 장식한 카페와 건물 바로 앞에 위치한 바다, 그것을 지켜 보듯 우뚝솟은 성당의 종탑이 인상적인 마을이다.

신선한 해산물 요리

친퀘 테레에서 신선한 해산물 요리를 먹는 건 필수다. 수북하게 쌓인 해산물 튀김부터 리조또와 파스타까지 다양하게 즐겨보자.

Venice
Murano
Burano

공예품으로 가득한 도시

베니스
무라노
부라노

오랜 역사와 특별한 제작 방법으로 유
리를 생산하는 무라노와 알록달록 화
려한 색으로 치장한 집들과 레이스 공
예로 잘 알려진 부라노는 물의 도시 베
니스에서 12번 대형페리를 이용해 이
동할 수 있다. 아침을 일찍 시작한다면
하루에 무라노와 부라노 두 섬을 돌아
보는 것도 가능하다.

교통 – 기차 이용(베네치아 산타루치아역)
밀라노에서 기차로 약 2시간 30분
피렌체에서 기차로 약 2시간 15분
로마에서 기차로 약 4시간
*무라노와 부라노섬으로는 수상버스를
이용해야만 한다.

베니스

물 위에 띠있는 도시

S자 모양의 대운하는 베니스를 크게 두 구역으로 나누고, 크고 작은 177개의 운하로 이루어진 베니스는 아름다운 다리들로 연결되어 있다. 총 417개의 다리가 있고, 그 중에서 72개는 개인 소유이다. 베니스를 떠올리면 항상 등장하게 되는 곤돌라는 평균적으로 길이 11m, 무게는 약 600kg으로 350여개가 운행되며 400여명의 곤돌리에리가 있다고 한다. 6개월 동안 400시간의 노젓기와 베니스의 역사, 관광지식, 외국어 시험 과정을 통과한 후에야 곤돌리에리가 될 수 있다.

베니스의 여러 섬 중 하나는 묘
지섬이다. 베니스와 무라노 사
이에 위치한 이 섬은 자체가 묘
지인 셈이다. 베니스에서 차 대
신 배를 타고 다니는 것처럼 사
람이 죽으면 영구차가 아닌 영
구선으로 마지막 길을 떠난다.

파시피코 세레사 묘지

(Tomba Pacifico Ceresa)

투명한 유리가 최초로 만들어진 곳, 유리로
거울을 만든 곳도 무라노이다. 베네치아에 있
던 유리공예장인들을 화재 위험과 환경 오염
문제, 그리고 가장 중요한 기술 유출을 막기
위해 무라노로 단체 이주를 시켰다고 한다.
그래서 마을 중앙에는 커다란 유리 공예품이
자리잡고 있고, 골목 곳곳에서는 화려하고 아
름다운 유리공예품들이 눈길을 사로잡는다.

부라노

16세기에 멀리 사이프러스까지 수출하기도 했던 부라노의 레이스는 이제 관광객만을 위해 수공업으로 제작되고 있지만, 알록달록한 집들의 창문은 곱게 레이스로 덮여있다.

세계에서 가장 유명한 카니발 중 하나인 베니스 카니발의 가장 큰 특징은 마스크 착용이다. 마스크를 쓰는 전통은 13세기 자신의 신분을 숨기고 장난과 환락을 즐기기 위해 시작되어 현재는 카니발의 상징이 되었다. 카니발 기간은 부활절을 기준으로 매년 달라지며 보통 1월 말에서 2월 초에 시작해서 사순절(참회의 화요일) 전날에 끝난다.

늦은 오후에 부라노를 돌아보고 베니스의 본섬으로 돌아가는 12번 고속페리를 이용한다면 진하게 석양으로 물든 무라노와 베니스를 감상할 수 있다.

차가움과 따뜻한 색, 어둠과 빛이 공존하는 이 시간의 베니스와 부라노, 무라노를 보게 된다면 다른 어떤 시간보다도 그리움으로 가득찬 기억을 가지게 될 것이다.

Ravelo

아말피의 숨겨진 보석

라벨로

6세기부터 예술가들과 지식인들의 휴
양지로 사랑을 받아온 산꼭대기 마을
라벨로는 지금도 여름이면 다양한 음
악 축제로 낭만적인 휴가를 꿈꾸는 이
들을 유혹한다. 바다와 인접한 다른
아말피의 마을과는 이색적인 분위기
로 라벨로의 대표 명소인 빌라 침브
로네와 빌라 루폴로가 아닌 골목길
만 걸어도 언덕 마을의 매력을 느낄
수 있다.

교통 – 버스, 렌트카 이용
로마에서 이곳으로 한번에 오는 대중교
통편은 없기 때문에 나폴리, 또는 아말피
로 오는 기차나 버스를 이용해야만 한다.

Piazza Centrale

라벨로의 중앙 광장

버스에서 내려 마을로 들어오는 터널을 지나면 바로 마주하게 되는 광장.
작은 마을의 광장에도 변함없이 성당이 자리잡고 있고, 라벨로의 대표 명소로 알려
진 빌라 루폴로의 입구도 광장에 접해 있다. 이른 아침 시간에도 광장의 카페테리아
와 젤라테리아는 라벨로를 찾아 온 사람들로 붐빈다.

Music Festival

라벨로에서는 해마다 다양한 콘서트가 열린다. 적게는 20회에서 많게는 100회가 넘는 공연이 개최되는데 주로 6월과 8월에 집중되어 있으니 여름에 이곳을 방문한다면 참석해 보는 것은 어떨까. 티켓 금액은 공연 내용에 따라 달라지지만 35유로에서 60유로 정도이다. 대부분의 공연은 빌라 루폴로에서 진행이 된다.

피에몬테 공주의 정원
Giardini Principessa di Piemonte

1933년 방문한 이탈리아 북부 사보이의 공주에게 헌정되어 이곳의 이름은 피에몬테 공주의 정원이라고 불린다. 아름다운 식물들로 장식된 이 정원에서 바라보는 아말피 해안의 절경은 그냥 서 있는 것만으로도 예술 작품의 부속이 된 것 같은 마음이 들게 만든다. 라벨로의 골목을 걷다보면 발견하게 되는 이 장소는 결혼식이나 다양한 커뮤니티 모임이 이루어지고 영화 촬영지로 사용되기도 한다.

Amalfi

요정이 잠든 아름다운 마을

아말피

죽기 전에 꼭 가봐야 하는 곳으로 손꼽히는 50km의 아말피 해안도로의 중심에 자리잡고 있는 아말피. 신화에 따르면 헤라클래스가 사랑한 요정의 이름이 아말피였고, 그 요정이 일찍 세상을 떠나자 슬퍼하며 가장 아름다운 곳에 그녀를 묻었는데 그곳이 바로 아말피였다고 한다.

교통 – 버스, 렌트카 이용
버스를 이용할 경우에 아말피 해안의 마을을 연결하는 버스들은 플라비아 조이아 광장으로 모인다.

아말피 대성당

아말피의 가장 유명한 랜드마크라고 할 수 있는 아말피 대성당은 9세기에 지어져 여러 차례 보수 공사를 하게 되면서 로마네스크 양식과 비잔틴 양식, 고딕 양식과 바로크 양식이 혼합되어 독특하고 신비한 분위기를 띠는 건축물이 되었다. 광장과 성당을 연결하는 62개의 계단을 오를 땐 현재와 과거, 소란함과 고요함의 경계에 놓인 기분을 느낄 수 있다.

Pansa Amalfi

영업시간

오전 7시 30분~오전 1시

아말피의 대표 디저트 매장 중
한곳으로 현지인 가이드가 추
천한 곳이다. 모든 디저트가
맛있지만 이곳에서 꼭 먹어봐
야 하는 메뉴는 레몬케이크다.
하얀 크림으로 덮인 돔형태의
레몬케이크는 새콤함과 달콤
함의 밸런스가 이상적이라 몇
개라도 먹을 수 있을 것 같다.

로렌조 아말피 거리

━━━━━━━

아말피의 중심이라고 할 수 있는 로렌조 아말피 거리에는 레몬으로 만든 다양한 제
품들이 눈길을 사로잡는다. 진짜보다 더 진짜같은 레몬 모양의 비누부터 색다른 병
에 담긴 리몬첼로를 판매하는 매장들이 줄지어있다.

레몬 케이크와 함께 이곳에서 꼭 먹어봐야 하는 디저트
는 레몬 그라니타다. 우리나라에서는 보기 힘든 크기
의 레몬의 속을 파내고 담아주는 그라니타는 이탈리아
남부의 뜨거운 태양도 견딜만하게 만들어준다.

La fontana De Cape E Ciucci

아말피의 중심 거리를 걷다보면 보게 되는 케이프와 치우치 분수는 물을 떠서 마실 수 있는 식수대이다. 예전에는 당나귀가 물을 마시던 장소였다고 한다. 70년대 초에 지금과 같은 장식으로 설치되었다. 분수대를 장식하고 있는 모양이 경사진 오르막에 만들어진 아말피의 모습을 연상시키는데 이곳 말고도 이러한 형태로 아말피 해안도로의 마을들을 재연해 둔 것을 보면 이 지역 사람들의 애정이 느껴진다.

Positano

시대를 초월한 최고의 휴양지

포지타노

소렌토에서 아말피 해안을 따라 온다면 가장 먼저 만나게 되는 포지타노는 절벽을 따라 수직의 커튼처럼 세워진 마을이 인상적이다. 버스에서 내려 좁은 골목길을 돌아다니다보면 포지타노의 골목길은 걷는게 아니라 오른다는 말을 실감할 수 있다.

교통 – 버스, 렌트카 이용
로마에서 출발한다면 대중교통으로 최소 3시간에서 렌트카로 4시간 정도 소요가 된다. 나폴리에서는 렌트카로 1시간 30분, 버스를 이용한다면 소렌토에서 1회 환승해서 약 2시간 정도가 소요된다.

포지타노라는 이름

The history of Positano

어느 날, 이탈리아 소도시

고대의 어느 날, 이 마을의 앞 바다에 튀르키예의 배 한 척이 좌초를 했다. 배에는 성모 마리아의 그림이 실려 있었는데, 선장을 향해 그림 속 성모 마리아가 외쳤다. "포사, 포사" '나를 내려놓으세요, 내려놓으세요'라는 외침을 들은 선장은 성모 마리아의 그림을 바다에 던졌다. 기적적으로 좌초되었던 배는 떠올라 구조되었고, 파도에 떠밀려 내려온 그림이 닿은 자리에는 교회가 세워졌다. 이곳 사람들은 성모 마리아가 자신들의 마을을 안식처로 선택했다고 여겼고 그때부터 이곳은 포지타노가 되었다고 한다.

CHEZ BLACK
RISTORANTE
since 1949

ON THE BEACH
Tel. 89 875 036

Rada
RESTAURANT

← ON THE BEACH
+39 089 875 874

200 mt. uphill ↘
a 200 m salendo

TERRAZZA
Celè
RESTAURANT

FINE DINING IN A LUSH GARDEN TERRACE WITH SPLENDID SEAVIEWS

Via Cristoforo Colombo, 46/50 · POSITANO
INFO: Tel. (+39) 089 875130   www.terrazzacele.it · info@terrazzacele.it

LE TRE SORELLE WINE ROOM

Wine Bar Enoteca
Wine tasting

Via C. Colombo, 19 Positano →

Tel. 089 811635   www.letresorellewineroom.it

TERESA
Boutique

MULTIBRAND STORE AND LUXURY JEWELS

GRUPPO
IPAS
Comune di Positano

SPAZIO LIBERO
CONTATTACI: 011 2734567 · 340 3676303

CENTRO ◉ ›
Piazza dei Mulini

‹ ≈ **SPIAGGE**
⚓ **APPRODO**

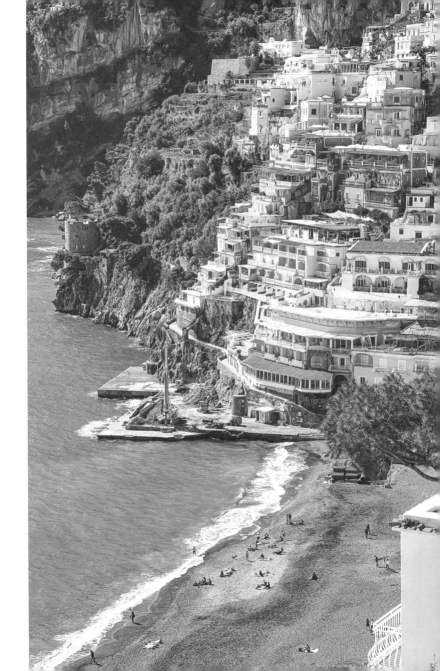

포지타노를 바라보면 바다 건너 보이는 3개의 저 섬은 라 갈리섬이다. 지금은 개인 소유의 섬이지만 그리스신화에 나오는 매우 아름다운 님프인 세이렌이 살았다고 전해진다. 세이렌이 아름다운 노래를 부르면, 신비로운 노래에 홀린 선원들이 뱃머리를 섬쪽으로 돌려 배가 난파되거나 스스로 물에 빠져 죽음에 이르렀다고 한다. 호메로스의 오디세우스에도 등장하는 세이렌은 우리가 잘 알고 있는 스타벅스의 심볼이기도 하다.

이 풍경을 바라보면서 아름다운 세이렌의 노래를 듣는다면 유혹에 넘어가지 않고 버티는 것은 쉬운 일이 아닐 것이다.

La pergola

버스 정류장에서 내려 골목길의 갤러리와 성당, 기념품 매장을 구경하면서 걷다 보면 어느새 포지타노 스피아지아 해변에 도착한다. 해변에 앉아 바다멍을 즐기는 것도 좋지만 출출해진 점심 시간에는 바다가 보이는 테라스에 앉아 여유 있는 식사를 즐기는 것도 여행의 일부이다. 워낙 유명한 관광지이다보니 다른 곳에 비해 평균적으로 가격이 높긴 하지만 가끔은 이런 사치도 누려야 여행의 고단함을 지울 수 있다.

영업시간

오전 9시~오후 10시

*브레이크 타임 : 오전 11시~오후 12시

애피타이저 메뉴인 부라타 프로슈토 샐러드는 안쪽에 빵이 감춰져 있다. 신선한 올리브 오일과 함께 먹으면 부담없이 건강한 한끼 식사로 충분하다. 홍합이 들어간 뇨끼는 감자로 만들어져 쫀득쫀득하게 씹히는 식감이 좋다. 피자와 다양한 해산물 요리를 선택하는 것도 추천한다.

Agerola

아제롤라

아말피 해안선을 즐기는 방법 중 가장
자연스러운 것은 절벽을 따라 이어진
좁은 길을 천천히 걸어보는 것이다.
아말피의 다양한 트레킹 코스 중 가
장 잘 알려진 신들의 길(Path of the
Gods)은 절벽 위에 위치한 마을 아제
롤라의 보메라노(Bomerano)에서 시
작해 포지타노까지 이어진다.

교통 – 버스, 렌트카 이용
좁은 아말피 해안의 길을 렌트카로 드
라이브해서 이동하거나 아말피에서 아
제롤라로 오는 버스를 이용할 수 있다.

트레킹 코스의 시작,
아제롤라 파올로 광장

마을 광장에 위치한 작은 바에서 에스프레소로 아침을 시작하고, 신
들의 길을 찾는다. 어렵지 않게 신들의 길로 향하는 표지판과 주의
사항을 발견할 수 있다.

Path of the Gods

아말피 해안의 당나귀

아말피 해안의 마을을 연결하는 도로
가 생기기 전에는 언덕 위의 좁은 길들
이 마을과 마을을 연결했을 것이다. 지
금도 언덕을 따라 드문드문 포도 농사
를 짓거나 생활하는 모습을 볼수가 있
는데 이들에게 중요한 운송 수단은 당
나귀다. 느린 걸음으로 신들의 길을 걷
는 도중에 저 당나귀를 4번이나 마주
했다. 무거운 짐을 지고 아슬아슬 좁은
길을 빠르게 걷는 당나귀를 볼때 안쓰
러운 마음이 살짝 스쳤다가 대체할 수
없는 존재라는 것에 감사함을 느꼈다.

신들의 길을 따라 걷다 보면 나무 기둥으로만 만들어진 친환경적인 카페를 만나게 된다. 주문과 동시에 바로 착즙해서 내어주는 레몬 주스는 생각하는 것만으로도 입에 침이 고이지만 이곳의 분위기와는 찰떡처럼 어울린다.

보메라노에서 멀어져 포지타노와 가까워질 무렵에 반가운 인사말이 들렸다.

오랜 걸음에 타는 목을 달래기 위해 물 한병을 구입했는데 서비스로 레몬 주스를 건낸다. 그 마음이 고마워 레몬 주스 한 잔을 주문했더니 시원하고 달콤한 레몬 그라니타가 서비스. 그 정이 참 좋다.

레몬향으로 채워지는 아말피

Tropea

신들의 해변

트로페아

부츠 모양의 이탈리아에서 발등에 해당하는 신들의 해변(Coast of the Gods)에 자리잡고 있는 트로페아. 포지타노와 친퀘테레가 절벽을 따라 세워진 마을이라면 트로페아는 절벽 위에 올라 탄 마을이다. 거칠지만 아름다운 바다와 언덕 마을을 신들도 그냥 지나칠 순 없었을 것이다.

교통 – 버스, 렌트카 이용
로마나 나폴리에서 기차로 이동할 경우 라메지아 테르메역에서 1회 환승을 해야만 한다. 나폴리에서 이동할 경우 4시간 30분, 로마에서 6시간 정도가 소요된다. 렌트카로 이동할 경우에도 비슷한 시간이 걸린다.

Stella rituale
의식의 별

언덕에 위치한 마을과 하늘과
구분이 가지 않는 해변을 연결
하는 건 가파른 계단이다. 계단
아래에는 의식의 별이라고 불
리는 별 모양의 모자이크로 꾸
며진 광장이 있다. 야자수로 둘
러쌓인 광장을 지나 해변에 도
착하면 나도 모르는 사이에 사
랑에 빠지게 된다.

Benedictine

Sanctuary

of

Santa Maria

dell'Isola

트로페아 대성당

바다에서 멀지 않은 곳에 위치한 이 성당은 지진, 전쟁 등으로 많이 파괴되었고, 다시 건축되는 일들을 반복했기 때문에 다양한 건축 양식이 복합적으로 나타난다. 이 성당이 유명한 이유는 제2차 세계대전 당시 투하된 2개의 폭탄이 폭발하지 않았다. 이들은 이것을 성모님의 보호라고 생각하고 2개의 폭탄을 성당 내에 보존하고 있다.

Scilla

이탈리아 남쪽의 작은 베니스

쉴라

시칠리아와 마주보고 있는 매혹적인
해안 마을인 쉴라는 인구가 350명에
불과한 조용한 어촌이다. 파도가 부딪
칠 만큼 가깝게 해안을 따라 늘어선
알록달록한 건물들 덕분에 이곳은 이
탈리아 남부의 베니스로 알려져 있다.

교통 – 버스, 렌트카 이용
로마에서 차로 7시간, 기차로 9시간이
걸리는 부츠의 발끝에 위치하고 있다.

메시나 해협

시칠리아섬과 이탈리아 반도의 끝 칼라브리아주 사이의 좁은 해협이다. 폭이 가장 좁은 곳은 1.9km로 티레니아해와 이오니아해를 잇는다. 고대 그리스 전설에 따르면 괴물 카리디브스와 스킬라가 이곳 메시나 해협을 지켰다고 한다. 이곳을 지나는 오디세우스를 떨게 했던 괴물들 중 스킬라가 태어난 곳이 쉴라라고 전해진다.

Castello Ruffo

마을의 중심 언덕에 위치한 루포 성이 처음 자리를 잡은건 기원전 5세기이다. 군사 요새로 사용되기도 했던 이 성은 지진으로 무너지기도 했다. 지리적 특성으로 인해 등대가 건설되었고, 이 등대는 현재도 이탈리아 해군에서 관리하고 있다.

Spiaggia Di Scilla

루포 성을 배경으로 넓게 펼쳐진 해변은 800m에 달한다. 이 해변은 자갈로 이루어져 있어서 유난히 맑은 물색을 자랑하지만 해변을 따라 걷고 싶다면 발을 보호해 줄 신발을 챙겨야한다. 걷다가 지치면 해변에 주저 앉아 메시나 해변을 지나는 거대한 화물선을 구경하거나, 바다 건너 등대를 보고 시칠리아 여행을 꿈꾸는 건 어떨까.

Matera

세계에서 가장 오래된 도시

마테라

독특한 마테라의 돌인 사시(Sassi)의 도시로 수천년의 역사와 수많은 명소로 알려진 바실리카타의 보석이다. 이 탈라아 부츠의 아치에 자리잡은 마테라는 10,000년전 구석기 시대부터 인류의 정착지였으며 1950년대가 되어서야 현대적인 숙소에 정착했을만큼 오래된 생활 방식을 유지해 세계문화유산에 등재된 도시이다.

교통 – 버스, 렌트카 이용
이탈리아 남부의 바리에서는 버스로 1시간 정도 떨어져 있으며, 로마에서 이동할 경우 대중교통 이용시 7시간, 렌트카 이용시 6시간 정도가 소요된다.

About Matera

시간의 흐름을 담은 그릇 마테라

바실리카타는 예수 그리스도와 연관이 깊은 도시이다. 이 도시의 형태는 예수 탄생의 장면과 닮았기 때문에 '제 2의 베들레헴'이라고 알려져 있다. 피에즈 파올로 파솔리니의 영화 '성 마태복음'과 멜 깁슨의 '그리스도의 수난'의 배경이 되기도 했다. 마을의 한쪽에 위치한 길고 긴 계단은 예수 그리스도가 십자가를 지고 올라가는 장면이 촬영되었다. 이탈리아의 남부 도시 중 유난히 발전이 늦었던 것은 마테라의 총독이 예수 그리스도의 박해에 앞장섰기 때문이라는 이야기도 전해진다.

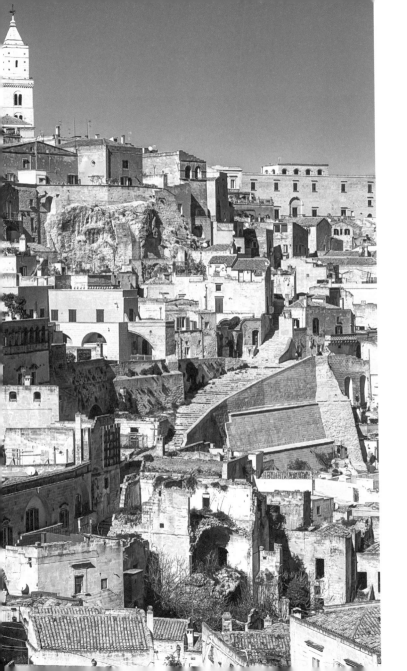

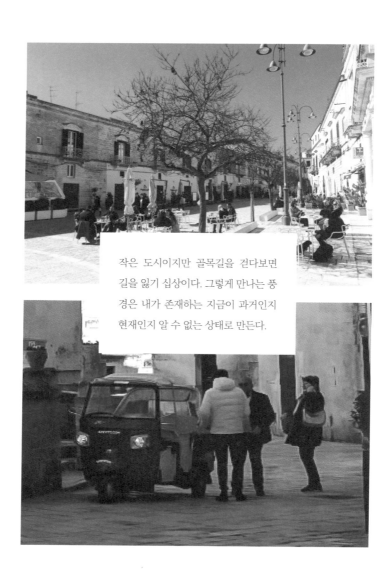

작은 도시이지만 골목길을 걷다보면 길을 잃기 십상이다. 그렇게 만나는 풍경은 내가 존재하는 지금이 과거인지 현재인지 알 수 없는 상태로 만든다.

Alberobello

동화 속 마을

알베로벨로

돔 모양 무덤 양식의 선사 시대 건축 기술이 사용되고 있음을 보여주는 석회암 주거지인 알베로벨로. 나폴리의 지배를 받던 이곳은 새로운 마을이 생길 때마다 세금을 내야하던 당시의 법으로부터 세금 납부를 피하기 위해 생긴 전략으로 인해 독특한 형태의 트룰리로 만들어졌다. 동네 전체가 트룰리로 가득한 이곳은 유네스코 세계문화유산으로 보호받고 있다.

교통 – 버스, 렌트카 이용
알베로벨로는 바리에서 대중교통이나 렌트카로 약 1시간 정도가 소요된다. 바리에서는 환승없이 가는 버스가 있고, 로마에서는 약 7시간 떨어져 있다.

스머프의 마을

Siva arboris belli

이탈리아 부츠의 '뒤꿈치'인 풀리아 지역에 위치한 알베로벨로. 도시의 이름은 라틴어로 "siva arboris belli"에서 유래되었다. 전쟁나무의 조각이라는 의미의 이름과는 달리 하얀 벽위에 납작한 회색돌 지붕을 올린 건물에서는 왠지 귀여운 스머프나 난장이가 살고 있을 것만 같은 착각을 불러일으킨다. 반나절이면 충분히 돌아볼 수 있는 작은 마을이지만 제각각 독특한 모양을 하고 있는 건물 사이의 골목길을 따라 걷다보면 금세 하루가 지나갈 것이다. 이 아름다운 집들은 현재 대부분 여행객을 위한 숙소나 아름다운 공예품과 기념품을 파는 상업적인 시설로 이용되고 있다.

트룰리

알베로벨로에는 1,500여채 정도의 트룰리가 있다. 원추형 혹은 피라미드 형태의 지붕을 가진 방 하나를 트룰로라고 부르고, 여러 개가 합쳐진 것이 복수형인 트룰리이다. 선사 시대의 건축 양식을 사용하고 있지만 현재의 알베로벨로 모습을 갖추게 된

것은 최근 연구에 따르면 10세기 정도라고 한다. 석회 슬라브로 만들어진 지붕은 쉽게 직사각형이나 원, 타원형으로 바꿀 수가 있었다. 큰 주택의 경우는 장식용으로 뾰족하게 만들기도 하였는데 이는 재난을 쫓기 위한 상징으로 사용하기도 했다. 큰 규모의 트룰리는 내부에 나무 계단과 나무 바닥의 2층 구조로 되어있기도 하다.

골목 사이를 누비다보면 나타나는 기념품 가게. 같은 물건을 판매하는 매장들도 많지만 유난히 예쁜 매장들도 눈에 들어온다. 원하는 기념품을 발견했다면 구입을 절대 미루지 말자. 다시 방문하기 어려울 수도 있고, 작은 마을의 경우 방문했을 땐 문이 닫혀 있을 가능성도 높다.

Cassano delle Murge

카사노 델레 무르지

대부분 평지로 되어 있는 풀리아주에
서 국립공원 끝자락의 해발 341m의
가장 높은 언덕 아래 아드리아해를 바
라보며 위치한 마을이다. 바리에서 가
깝고 주변에 다양한 트레킹 코스가 있
는 마을이다.

교통 – 버스, 렌트카 이용
바리에서 버스로 약 1시간, 렌트카 이용
시에 40분 정도가 소요된다. 로마에서는
렌트카로 5시간 거리에 위치하고 있다.

자연과 하나되는

카사노 델레 무르지는 알타 무르지아 국립 공원(Alta Murgia National Park)의 끝쪽에 위치하고 있어서 수많은 피크닉 장소와 트레킹 코스가 있다. 화려하고 아름다운 이탈리아의 마을을 돌아본 후에 편안한 휴식을 취하고, 올리브 나무 숲을 따라 걸어보고 싶다면 이곳만한 곳은 없다. 많은 사람들이 마을 옆에 위치한 메르카단테 숲을 방문하기 위해 찾아오는 곳이기도 하다.

Panorama
View Point

카사노 델레 무르지에서 휴식을 취
하며 가볍게 산책을 원한다면 마을
의 전경을 한 눈에 담을 수 있고, 날
이 좋다면 멀리 아드리아해까지 감
상할 수 있는 마스 로페즈 하이킹
코스를 걸어보는 것을 추천한다.
오르막도 심하지 않기 때문에 여유
롭게 풍경을 즐기면서 걷는다고 해
도 한두 시간이면 충분하다.

Old town

성당과 시청을 중심으로 한 마을의 구시가에 들어서면 건물의 벽에서 카사노 델레 무르지의 역사가 느껴진다. 이곳은 로마시대 상인들의 중간 기착지이기도 했으며, 1,000년 전에는 대중교통의 중심지이기도 했던 흔적이 남아 있다.

Monopoli

성벽의 도시

모노폴리

바다와 밀접한 관계를 가지고 성장한
도시 모노폴리는 고대 메사피아(이탈
리아 남부 지역의 옛날 명칭)에 지어
진 중세 도시이다. 모노폴리의 성은
삼면이 바다를 마주하고 있고, 나머지
한면은 지금은 더 이상 존재하지 않는
해자로 둘러쌓인 요새였다.

교통 – 기차(모노폴리역), 버스, 렌트카이용
모노폴리는 바리에서 기차로 30분이면
도착하고, 차량으로 이동 할 경우 50분
이 걸린다. 로마에서 플릭스버스를 이용
할 경우 7시간 정도가 소요된다.

모노폴리의 성

모노폴리를 여행한다면 반드시 만나게 되는 이 건축물은 건축학적으로 의미가 있다.
1500년대 스페인의 카를 5세에 의해 만들어진 해안 요새의 일부로 스페인 요새의 특
징을 가지고 있다. 중세 요새를 기준으로 안쪽으로는 석회로 된 거대한 백색의 광장
과 18세기의 교회와 아름다운 궁전으로 채워져 있다.

아치 형태의 성문 밖에 위치한 작은 만에는 'vozz'라고 불리는 모노폴리의 전통적인 보트가 바다의 리듬에 맞춰 흔들리고 있다. 이 보트들은 길이가 약 3.5m~5m로 동력의 힘이 아닌 사람의 힘으로 길이 8미터에 달하는 노를 저어 움직인다. 파란색과 빨간색으로 칠해진 이 보트들은 모노폴리의 또 다른 상징이라고 할 수 있다.

올드 타운

성 안쪽으로 들어서면 백색으로 치장한 건물 사이의 좁은 골목길들이 마치 혈관처럼 연결되어 있다. 모노폴리에서 생산 된 다양한 야채들과 해산물로 요리한 음식을 파는 식당들과 무거워도 하나쯤 구입하고 싶은 예쁜 병에 담긴 올리브 오일을 파는 상점, 유니크하고 귀여운 기념품을 파는 곳들이 골목 사이 사이에 들어서 있다. 걷다 지치면 작은 식당에 앉아 문어 버거로 배를 채우는 것도 추천한다.

룽고마레 (Lungo Mare)

걷는 것을 좋아한다면 해안선을 따라 모노폴리를 둘러볼 수 있는 하이킹 코스인 룽고마레를 걸어보자. 포르토 안티코에서 시작해 포르토 로쏘까지 걷는 룽고마레 산타마리아 코스는 왕복 1시간이면 충분하다. 한쪽으로는 눈부신 아드리아해를, 한쪽으로는 역사적인 도시와 성벽을 보며 걷다 보면 어느새 목적지에 도착할 수 있다. 걷다가 지치면 오션뷰 전망의 카페에서 이탈리안처럼 아페리티보를 한 잔 마시며 낭만적인 시간을 보내는 것도 근사하다.

Polignano a Mare

석회암 절벽 마을

폴리냐노 아 마레

청록색 바닷물에 발을 담군 절벽 위
의 석조 주택들로 이루어진 이탈리아
의 아름다운 마을 중 하나이다. 로마
의 유적들이 도시의 중심부에서 발견
되는 폴리냐노 아 마레는 기원전 4세
기에 도시가 건설된 것으로 추정되는
역사적인 도시이다. 폴리냐노 아 마레
를 대표하는 해변 라마 모나칠레와 그
곳을 전망할 수 있는 높은 아치의 부르
봉 다리는 꼭 방문해야 하는 장소이다.

교통 - 기차(폴리냐노 아 마레역), 버스,
렌트카 이용
바리에서 버스로 1시간, 렌트카와 기차
로 이동할 경우 40분 정도 소요된다. 로
마에서 기차로 이동할 경우 바리에서 1회
환승 해야하며 5시간 정도 떨어져있다.

도메니코 모두뇨 기념비

폴리냐노 아 마레의 라마 모나칠레 해변 옆 공원에는 두 팔
을 활짝 벌리고 머리카락을 날리며 서 있는 3m 높이의 남자
동상이 있다. 그는 폴리냐노 아 마레 출신의 싱어송 라이터
도메니코 모두뇨로 이탈리아 칸초네 음악 개혁의 선구자로
칭송받는다. 우리나라에서는 'Volare'라는 노래의 작곡자와
가수로 알려져 있다. 정치가로도 활동했던 그에 대한 폴리냐
노 사람들의 애정은 이 청동상이 있는 장소와 그 공간에 대
한 이름만으로도 충분히 느낄 수 있다.

고대에는 육지를 흐르는 강물이 높은 절벽 사이의 길을 따라 바다로 흘러들었을 라마 모나칠레는 풀리아에서 가장 유명한 해변이다. 여름철이면 이곳은 발 디딜 틈 없이 많은 사람들이 찾는 곳으로 해수욕을 즐기고 싶다면 아침 일찍 서둘러 자리를 잡아야 한다. 우리에겐 생소하지만 세계에서 가장 오래된 익스트림 스포츠라고 하는 클리핑 다이빙 (절벽 다이빙) 대회가 개최되는 장소가 바로 이곳이다. 뜨겁게 내리쬐는 지중해의 태양을 받으며 낭떠러지 절벽 아래 바다로 뛰어드는 모습을 상상만 해도 짜릿하다.

Souvenir

여행 중 작은 기념품을 간직하고 싶을 땐 부피가 작고 특별한 마그네틱을 구입해 보자. 폴리냐노 아 마레의 바다에서 떠 다니던 작은 나뭇가지로 만든 이 기념품을 보면 여행을 마친 후에도 이곳을 기억할 수 있을 것이다.

Modena

맛과 문화의 도시

모데나

누구나 한번쯤은 타보기를 꿈꾸는 스
포츠카 페라리의 신화가 만들어진 곳,
이탈리아 음식을 먹을 때면 떠오르는
대표적인 식재료인 발사믹 식초의 본
고장이기도 하다. 프랑스 혁명 후 나
폴레옹이 이탈리아를 정복했을 때 모
데나를 중심으로 통치를 했고, 우리가
잘 알고 있는 이탈리아의 국기도 이곳
을 중심으로 처음 만들어졌다.

교통 – 기차(모데나역), 렌트카 이용
피렌체에서 기차를 이용할 경우 1시간
30분, 렌트카를 이용할 경우에는 2시간
이 걸린다. 밀라노에서 출발해도 피렌체
에서 출발하는 것과 비슷하다.

Welcome to
Modena

모데나는 오랜 역사를 자랑하는 도시인 만큼 역사적으로 둘러볼 만한 가치가 있는 건물들이 구시가의 중심부에 자리잡고 있다. 하지만 당신이 모터 스포츠와 차량 애호가라서 페라리 뮤지엄에 방문할 의사가 있다면 구시가로 향하기 전 먼저 방문해 보는 걸 추천한다. 이탈리아 음식을 사랑하고 식재료에 관심이 많다면 그란데 광장에 위치한 발사믹 식초 박물관을 방문해 보는 것도 즐거운 경험이 될 것이다.

La Consorteria 1966

모데나의 다양한 발사믹 비네거 농장을 방문할 수 없다면 이 매장을 방문해 보길 추천한다. 일반적으로 유통되는 발사믹 식초가 아닌 모데나의 전통 방식으로 만들어 DOP 인증을 받은 다양한 농장의 발사믹 식초를 시음하고 차이점을 비교하면서 각자의 취향에 맞는 제품을 선택할 수 있다.

Piazza Grande
모데나 대성당과 종탑

우아함을 특징으로 하는 로마네
스크 양식으로 지어진 모데나 대
성당과 도시 전체를 조망할 수 있
는 라 기를란디아 종탑은 유네스
코 세계문화유산으로 지정되어 있
다. 세계적인 테너 루치아노 파바
로티의 영결식이 치뤄진 곳이 바
로 이곳이다. 광장 주변의 벤치에
앉아 바라보는 풍경은 마음을 편
안하게 만든다.

모데나 전통 시장

Mercato Storico Albinelli

그런데 광장에서 멀지 않은 곳에 위치한 모데나의 알비넬리 시장은 오전 7시부터 오후 3시까지 영업을 한다. 토요일의 경우 오후 7시까지 연장 영업을 하며 일요일 은 휴무이다.

이탈리아의 다양한 식재료를 구경하는 재미도 있지만 내부에 위치한 식당과 카페에 서 식사를 하거나 커피 한 잔과 디저트를 먹으며 휴식을 취하며 현지인처럼 즐겨 보 자. 시장 앞 광장에서는 오래 된 책부터 사진과 악세사리 등등 다양한 물건들을 판매 하기도 하니 독특한 기념품을 구입하고 싶다면 둘러보는 것도 좋다.

Verona

영원한 사랑의 도시

베로나

구석기 시대부터 시작 된 길고 긴 역사를 가진 베로나는 이탈리아 북부의 부유한 도시로 로마 시대의 유적인 아레나에서 열리는 오페라 페스티벌과 세익스피어의 소설 로미오와 줄리엣의 배경으로 잘 알려져 있다. 로마 시대의 유적과 함께 구시가에는 중세 영주들이 베로나의 분홍빛 석회암인 로쏘(Rosso)로 지은 성들이 가득하다.

교통 – 기차(베로나 포르타 누오바역), 렌트카 이용
밀라노와 베니스에서 차와 기차로 2시간 떨어진 곳에 위치하고 있다. 피렌체에서는 기차로 1시간 40분이 소요된다.

역사적 상징이자 도시의 중심에 위치한 베로나의 아레나는 가장 풍부하고 활기 넘치는 예술의 중심지 중 하나이다. 높이 31m에 30,000개의 좌석을 가진 이 원형극장은 브라 광장의 중앙에 위치하고 있으며 매년 오페라 페스티벌이 열리는 장소로 유명하다. 1913년 베르디의 오페라 아이다 (Aida)의 첫 공연이 열린 의미 있는 장소이다.

Arena di Verona

Casa di Giulietta

고딕 양식의 1300년대 주택으로 이곳의 발코니를 보고 세익스피어가 영감을 얻어 로미오와 줄리엣을 집필했다고 한다. 죽음도 불사하는 아름다운 사랑을 원하는 커플들로 1년 내내 북적이는 장소이다. 줄리엣의 집 내부를 관람하기 위해서는 티켓을 구매하고 방문 시간을 미리 예약해야 하지만 줄리엣의 동상이 있는 뜰은 자유롭게 입장할 수 있다.

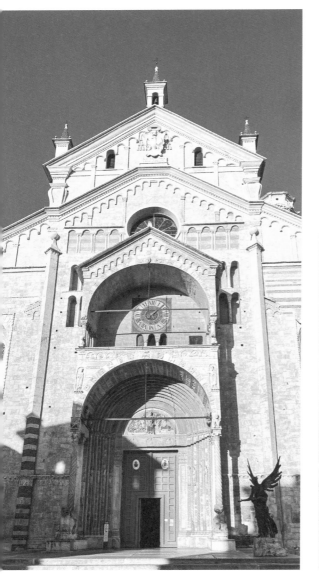

Ponte Pietra

베로나를 감싸고 돌아나가는 아디제강 위에 놓인 아름다운 아치 형태의 피에트라 다리는 기원 전 100년 로마 시대에 만들어졌으나 제 2차 세계대전 때 파괴된 것을 복원해 둔 것이다. 해 질 무렵이면 이 다리 주변 아디제 강변으로는 고요하고 아름다운 분위기를 즐기고자 하는 이들로 북적인다.

Rapallo

조용한 사색의 도시

라팔로

친퀘테레가 있는 리구리아의 티굴리
오만 중앙에 위치한 라팔로. 화사한
색의 주택과 아르누보 스타일의 궁전
이 비토리오 베네토 해안을 아름답게
장식하고 있다. 거리에 위치한 좁고
높은 집에 그려진 가짜 창문은 이곳
의 상징이다. 창문의 수에 따라 세금
이 매겨지는 과거의 전통으로 인해 생
긴 특징이다.

교통-기차(라팔로역), 렌트카 이용
토리노와 밀라노에서는 직통 열차가 있
고 2시간 30분이 걸린다. 피렌체에서 출
발할 경우 피사에서 1회 환승해야하며 3
시간 정도가 걸린다. 이때 친퀘테레를 지
나게 된다

문호들이 사랑한 도시

20세기 가장 위대한 시인 중 한 사람인
윌리엄 버틀러 예이츠와 노벨문학상 수
상작가 어니스트 헤밍웨이는 이 도시를
사랑했다. 마을 뒤를 받쳐주는 초록의
산과 깊게 들어 앉은 티굴리오만의 푸
른 바다를 바라보면 그럴만한 가치가
느껴진다.

Tigullio

라팔로의 해변 안쪽에 자리잡은 티굴리오에서는 이 지역의 특징을 가진 피자와 파스타, 앤초비 요리를 맛볼 수 있다. 오전 6시부터 오후 10시까지 일요일을 제외한 모든 날 식사가 가능하다.

Portofino

천국의 모퉁이

포르토피노

아름다운 사랑을 발견했다는 가사로
시작되는 포르토피노(Portofino)라는
노래가 있다. 모파상은 이곳을 '넓은
분지에 달빛무지개가 내려앉은 마을'
이라고 표현할 만큼 우리에겐 잘 알려
지지 않았지만 유명한 셀럽들은 이곳
을 결혼식 또는 신혼여행 장소로 선택
한다. 안쪽으로 깊게 들어온 해안선을
따라 알록달록 좁고 긴 건물들이 늘어
선 풍경이 황홀하기 때문이다.

교통 – 기차(산 마르게리타역), 렌트카 이용
기차를 이용하는 경우 역에서 내려 도보
나 버스 이용해야 한다.

Piazzetta

우리에겐 조금 낯설지만 세계적으로 유명한 휴양지인 포르토피노는 여행자들이 찾아가기에 쉬운 곳은 아니다. 옆 동네인 산 마르게리타 역에서 내려 버스를 타거나 걸어들어오는 길은 친퀘테레나 아말피 해안 도로처럼 좁다. 산 마르게리타와 포르토피노를 이어주는 버스는 항상 만원이다. 가는 길은 해안 옆 도로를 따라 풍경을 즐기며 걸어가는 걸 추천한다. 걷다 보면 위풍당당 자리잡은 브라운성과 차가운 날씨에도 들어가보고 싶을 정도로 눈부신 작은 해변들을 천천히 즐길 수 있기 때문이다. 포르토피노의 마을 입구에서 중심이라고 할 수 있는 피아제타까지 가는 길에는 작은 마을임에도 불구하고 고급스런 부티크 매장들이 보인다. 그 이유는 1950년대 이후 유럽

상류층들의 여행 일정표에서 빠지지 않는 명
소가 되어 현재까지 그 명성을 이어가고 있기
때문이다. 여름이면 이 작은 해안에는 고급스
런 요트들이 가득 찬다. 피아제타를 중심으로
늘어선 식당과 카페에 앉아 이 풍경을 바라보
는 것도 꽤나 매력적인 일이다.

이곳 앞 바다 속에는 물에 잠긴 예수 그리스
도의 동상이 있다. 많은 사람들이 '심연의 그
리스도'를 보기 위해 다이빙을 하기도 한다.

그래서일까?
울창한 숲을 배경으로 아름다운 바다를 마
주한 포르토피노, 여름철에 더욱 빛나는 휴
양지인 이곳을 사람들은 천국의 모퉁이라고
부른다.

피아제타 안쪽 좁은 골
목길을 따라 오르면 다
다르는 성지오르지오 교
회는 포르토피노 만 전체
를 감상하기에 최적의 장
소이다.

Camogli

파도가 노래하는 해변 마을

카모글리

엄청난 숫자의 트롱프뢰유 ('눈을 속이다'라는 의미의 프랑스어) 빌라가 있는 카모글리는 포르토피노와 차로 25분 떨어져 있는 작은 어촌 마을이다. 고기잡이가 주생산 활동인 이 마을의 이름은 아내의 집(Casa de moglie)을 뜻하는데, 바다를 나간 남편을 기다리는 아내들에서 유래했다고 한다. 포르토피노를 화려한 요트가 채우고 있다면, 이곳은 고깃배들이 가득하다.

교통 – 기차(카모글리역), 렌트카 이용
기차 이용시 밀라노에서 2시간 30분, 로마에서 5시간 정도 소요된다.

Spiaggia del Pinetto

피네토 해변은 파도가 밀려올 때마다 들리는 검은 자갈들의 소리가 매력적인 곳이다. 낮에도 아름답지만 바다 위에 떠 있는 듯한 카모글리 대성당을 배경으로 한 이곳의 일몰은 조용하고 엄숙한 장관을 연출한다.

Como

푸른 진주를 품은 마을

코모

스위스와 마주하고 있는 이탈리아 북부의 코모는 뒤집어진 Y자 형태의 빙하호에 위치한 소도시이다. 밀라노에서 1시간 거리에 위치하고 있어 당일치기로 방문하기도 좋다. 이 도시는 스타워즈와 007 촬영 장소로 더 많은 명성을 얻었고, 조지 클루니가 선택한 최고의 거주지이기도 하다.

교통 – 기차(코모 보르히역, 코모 라고역),
렌트카 이용
밀라노에서 기차로 약 1시간 소요된다.

Welcome to Dream City

코모에는 두 개의 기차역이 있다. 코모 올드 타운과 코모 호수 바로 앞에 위치한 코모역과 외곽에 위치한 코모 보르히역이다. 코모 보르히역에서 내려 올드 타운으로 들어가는 봄의 코모는 풍성한 겹벚꽃으로 여행자를 환대하고, 언덕 위의 브루나테를 동화 속 마을로 착각하게 만든다.

올드 타운을 돌아본 후에는 코모 호수를 거
닐어본다. 윤슬로 빛나는 호수 위를 떠다니
는 백조들에게 눈길을 빼앗겨 자리를 뜰 수
가 없다. 코모 호수의 전경을 감상하기 위해
서는 푸니쿨라를 타고 '알프스의 테라스'라
고 불리는 브루나테로 올라가보자. 조용하
고 작은 마을의 이정표를 따라 걷다 보면 마
음이 차분해진다.

어느 날, 이탈리아 소도시

초 판 1 쇄 2023년 11월 25일
초 판 2 쇄 2024년 4월 25일
지 은 이 신연우
펴 낸 곳 하모니북

출판등록 2018년 5월 2일 제 2018-0000-68호
이 메 일 harmony.book1@gmail.com
홈 페 이 지 harmonybook.imweb.me
인스타그램 instagram.com/harmony_book_
전 화 번 호 02-2671-5663
팩   스 02-2671-5662

ISBN 979-11-6747-136-9 03920
ⓒ 신연우, 2023, Printed in Korea